Toutes afghanes

Toutes afghanes

Éditions de
L'Observatoire

ISBN : 979-10-329-2466-2
Dépôt légal : 2021, novembre

170 *bis*, boulevard du Montparnasse, 75014 Paris

Les bénéfices et droits d'auteur de cet ouvrage sont reversés à l'association Afghanistan Libre qui lutte pour faciliter l'accès du plus grand nombre de filles et de femmes afghanes à l'éducation, à la santé et à des formations professionnalisantes, pour leur permettre d'acquérir leur indépendance – https://www.afghanistan-libre.org/

Marc-Antoine Coulon est artiste, peintre et illustrateur.

Il travaille régulièrement pour de nombreux magazines internationaux comme *Madame Figaro*, *Vogue France*, le *Harper's Bazaar* Allemagne, *Transfuge* ou le *Vanity Fair* London, entre autres.

Mais surtout, Marc-Antoine Coulon dessine ses sentiments, ceux que son âme lui inspire, mais aussi ceux que le monde lui évoque.

Il a immédiatement accepté de concevoir la couverture de cet ouvrage de façon totalement bénévole.

Cette femme que des collages bâillonnent s'est imposée à lui.

Il y a mille choses à observer dans cette œuvre, mille espoirs et mille terreurs pour le futur de l'Afghanistan.

Merci à lui.

AVANT-PROPOS

Il y a quelques mois encore, en Afghanistan, elles étaient journalistes, médecins, avocates, magistrats, artistes, traductrices, diplomates. Ça n'était pas dans tout le pays, mais c'était possible.

Il y a quelques mois encore, elles étaient femmes, filles, sœurs, épouses, camarades, amies, collègues.

Depuis le retour des talibans et l'instauration de la charia, elles sont devenues des biens meubles, des ventres, des fantômes sans parole et sans droits.

Leur vie ne leur appartient plus, et c'est l'humanité tout entière qui saigne.

Jamais ces silhouettes indéfinies ne nous laisseront indifférentes.

Ce sont des femmes, et ces mots sont pour elles.

Ils sont nés de nos deux insomnies, ils sont nés de la certitude que nous avons qu'à l'obscurantisme des idées, la lumière des textes peut aussi répondre.

Nous ne renverserons pas un régime taliban avec des phrases, mais elles bâtissent des ponts de mots entre ces femmes afghanes et nous, des constructions d'une solidité inouïe qu'aucun islamiste ne saura détruire, jamais.

Les femmes afghanes supplient le monde de ne pas les oublier, nous ne sommes pas le monde, mais nous ne les oublions pas.

Tristane Banon et Rachel Khan

FEMME AFGHANE

Éliette Abécassis

Femme afghane, femme martyre
La peur comme un aigle noir
Déploie ses ailes et cache ton regard
Ton visage et ton sourire

Femme afghane, femme fragile
Qui regarde ton monde étrange
Une petite fille dans les langes
Et mariée avant d'être nubile

Femme afghane, femme forte
Dans ton désert ardente
Où en silences tu enfantes
C'est une fille que tu portes

Toutes afghanes

Femme afghane, mère courage
Tu la berces sans illusion
Tu lui chantes une chanson
Ta voix couverte par l'orage

Femme afghane musulmane
Ton enfant tu l'as élevée
Soumise et prosternée
Dans une prison talibane

Femme afghane et femme
Avant d'être femme tu l'es
À treize ans elle est mariée
Sans un cri sans une larme

D'être femme tu en meurs
Couchée sous ton voile noir
Ce vide dans ton regard
M'assourdit ô ma sœur

Éliette Abécassis est écrivaine, scénariste et réalisatrice.

LETTRE AUX RÉSISTANTES AFGHANES

Élisabeth Badinter

Dans le beau roman de Khaled Hosseini, *Mille Soleils splendides*[1], un père rappelle à sa fille les libertés et les droits dont avaient joui les femmes sous le régime communiste entre 1978 et 1992 : « Une bonne époque pour être une femme en Afghanistan. » Mais depuis l'arrivée des talibans en septembre 1996, la vie des femmes, emprisonnées sous la burqa, est devenue un enfer : fermeture d'écoles, interdiction de travailler sans l'autorisation du mari, de rire en public ou de sortir seule, menace de lapidation au moindre soupçon...

1. Khaled Hosseini, *Mille Soleils splendides*, Belfond, 2015.

L'arrivée des Occidentaux sur le sol afghan et, en premier lieu des Américains, en octobre 2001, n'a certes pas mis fin à toutes les coutumes archaïques. Mais là où ils étaient, les femmes avaient recouvré une grande partie de leurs droits essentiels. Le président Hamid Karzaï avait bien essayé d'imposer, en mars 2009, une loi scélérate[1] contre les femmes de la minorité chiite en rétablissant pour elles le code de la famille taliban, mais les vives protestations unanimes du monde occidental et d'autres pays encore le forcèrent à faire marche arrière.

Depuis lors, les jeunes Afghanes des villes tenues jusqu'à hier par les Occidentaux ont fait leur chemin, grâce aux écoles, aux universités, aux hôpitaux aussi. Nombre d'entre elles ont eu accès aux droits et statuts jusque-là réservés aux hommes. Elles sont devenues médecins, journalistes, magistrates, avocates, professeurs, fonctionnaires, ingénieurs, femmes d'affaires et députées[2]. On dira, à juste titre, qu'elles ne représentent qu'une petite minorité au regard de la population féminine du pays. Pourtant, tout laisse à penser qu'elles peuvent jouer un rôle déterminant dans le

1. Cette loi votée par le Parlement et signée par Karzaï était contraire à la nouvelle Constitution du pays votée en janvier 2004.

2. En juin 2021, on comptait 27 % de députées.

combat qui s'engagera inévitablement demain contre l'oppression des fanatiques. Même si certaines d'entre elles vont tenter d'émigrer pour échapper à l'horreur des lois talibanes, il leur sera difficile de laisser enfants et maris. Comme on l'a vu encore récemment lors de l'émigration syrienne, ce sont les hommes qui partent en premier et font ensuite venir femmes et enfants. La plupart seront donc contraintes de rester. Si la question se pose aujourd'hui pour elles, c'est parce que nous avons vu l'armée afghane rendre les armes quasiment sans combattre. Comme si le retour des talibans et, avec eux, de l'islamisme le plus radical, était celui de l'ordre souhaitable. La théocratie, si favorable aux hommes, l'a emporté sur la démocratie qui prône l'égalité des sexes. Il est vrai que le combat était inégal à en croire une étude américaine publiée en 2013[1], selon laquelle 99 % de la population étaient favorable à la charia, et 81 % approuvaient les châtiments corporels qui allaient de pair. À supposer même que ces chiffres aient quelque peu évolué depuis lors, notamment à propos des châtiments, on imagine facilement la solitude et le désespoir des femmes qui, depuis vingt ans, ont vécu plus libres et égales grâce à leurs combats et à la protection occidentale.

1. Étude de l'institut Pew Research Center.

Demain, elles seront les ennemies les plus déterminées des talibans et peut-être la tête de pont de la résistance à ce régime barbare. Elles sont l'espoir qui reste à toutes celles qui rêvent de liberté et d'un islam modéré.

La guerre souterraine qui s'annonce sera longue et meurtrière pour elles. On ne peut qu'espérer que leurs pères, frères, époux et fils s'engagent à leurs côtés.

Élisabeth Badinter est philosophe, spécialiste de la pensée des Lumières, et écrivain.

ON SAVAIT TOUS QUE ÇA POUVAIT ARRIVER

Tristane Banon

C'est un moment de la vie qui sent le sang.
On savait que ça pouvait arriver.
On savait tous que tout ça pouvait arriver.

L'enfant court partout, il ne s'arrête jamais.

C'est un enfant que la vie bouscule, alors il tombe, tout le temps, c'est sa façon d'apprendre à tenir debout.

Je le regarde sans crainte.

À chaque chute, c'est l'expérience qui s'emmagasine.

Il faut tomber pour se relever, mon grand-père me disait ça, enfant.

Mes yeux se détournent de mon tout-petit, c'est l'ordinateur qui s'affole, il panique, il veut m'alerter de quelque chose.

Des femmes hurlent à l'intérieur.

Je m'approche, je veux savoir ce qui l'effraie.

Les talibans ont repris Kaboul.

On savait que ça pouvait arriver.

L'enfant court toujours, je l'imagine poursuivre des cerfs-volants imaginaires.

Les images s'enchaînent.

C'est le souvenir des talibans d'il y a vingt ans qui revient, il s'épanche, ses images débordent, les réseaux nous les crachent au visage : *prenez ça pour mémoire*.

Mais les talibans les refusent, ils se veulent tout neufs, ils se disent sortis de l'obscurantisme quand leurs règles ne mènent qu'aux ténèbres.

Plus ils parlent de lumière, plus ils donnent à voir la nuit.

Les hommes fuient, ils coulent hors-la-ville, se déversent vers l'aéroport, des vagues humaines au désespoir, l'appel de la vie, la peur de la mort.

Ne plus vivre libre, c'est déjà un peu mourir.
On savait que tout ça pouvait arriver.

Je regarde l'enfant sans le voir.
Il court moins vite qu'eux, ne sait pas faire, il apprendra, on apprend tous, mais pas pour les mêmes raisons.
Les femmes cherchent de l'air, elles ne savent déjà plus respirer, elles voient leur début de liberté disparaître au même instant qu'elles, sous la burqa.
Bientôt, il n'en restera rien.

Je ne suis pas libre si elles ne le sont plus.
Personne n'est libre.
Plus personne.

L'enfant hurle.
Il a glissé. Les marches de l'escalier de métal ont cogné son visage avec la violence d'un règlement de compte.
Petites joues en sang, menton dégoulinant. Il a peur.

Une femme dit qu'elle attend la mort, là-bas.
Elle s'est assise, elle a réuni sa famille autour d'elle, elle sait que les talibans ne lui pardonneront pas ses vingt ans de liberté.

Elle en a pris plus que les autres.

Elle a acquis de grandes fonctions, du temps des Américains, de l'indépendance avalée à pleins poumons, comme un bol d'air.

Ces femmes en manquaient tellement, ça ne date pas d'hier. Alors la parenthèse états-unienne, c'était déjà ça de volé à l'air du temps. Ça n'était pas parfait, mais elles voyaient loin.

Les femmes afghanes ont une force de vie bien plus puissante que la réalité des choses.

Mon bébé saisit la couleur de son sang, il pleure par instinct.

J'ai vu son regard quand il a réalisé que tout ce rouge était le sien.

Certains hommes, là-bas, ont voulu s'accrocher aux avions, supplier l'Amérique qui s'en va de ne pas les oublier.

Ils ont tenu si longtemps à la carlingue.

Faut-il avoir le chuchotement de la mort aux oreilles pour s'agripper si fort ?

Ils ont fini par chuter comme de minuscules marrons tombés des arbres.

Quelqu'un ira-t-il les ramasser ?

C'est bientôt la rentrée.

Je nettoie le sang sur son visage.

On ne verra plus les traits racés des femmes afghanes.

Ça n'est pas la religion qui mène à l'obscurantisme, c'est la radicalisation.

C'est le moment où la béquille se change en couteau.

L'extrémisme sent la mort, l'extrémisme sent le sang des corps tombés des arbres volants.

L'enfant a cassé ses dents.

On savait que ça pouvait arriver.

Il faut aller à l'hôpital, calmer le mal, soigner les moignons blancs.

Il hurle, sa tête doit lui tourner.

L'enfant ne sait rien de ce qui se passe, il ne sait pas les Afghanes, il ne connaît rien des talibans, il ne sait même pas les dents cassées, il ne sait que la souffrance.

Douleur froide.

Le goût du métal a dû rester dans sa bouche.

L'enfant a dix-huit mois.

L'attente aux urgences suggère des heures infinies d'images ingurgitées, des dizaines de vidéos en format timbre-poste sur mon téléphone. Je ne fais pas le choix de ne pas quitter l'horreur, c'est la réalité qui s'installe dans mon salon intérieur. Les femmes afghanes me suivent de salle en salle.

L'enfant ne se souviendra pas qu'elles ne l'ont pas quitté, lui non plus.

Que devient la vie quand on la voile ? Aucune femme n'est née pour être engrillagée.

Comment continuer à vivre libre quand nos sœurs ne le sont plus ?

Les femmes afghanes m'attrapent par la manche, leurs visages floutés supplient de ne pas les oublier, elles savent le temps qui va si vite en Occident.

L'enfant range son visage dans mon épaule. Il a froid.

Le petit bracelet de plastique que l'infirmière lui a mis au bras lui coupe sa fine peau blanche.

Le sang est revenu entre ses lèvres. Il ne pleure plus. Il n'a plus de larmes pour ça.

Les femmes afghanes ont-elles pleuré leur maigre liberté partie avec les casques occidentaux ? Ont-elles assez d'eau à leurs yeux pour embuer l'image de leur avenir avorté ?

À quoi pensent-elles ? À qui pensent-elles ?

Les femmes afghanes échangeraient bien les dents de leurs petites filles contre la promesse d'un avenir pour elles. Juste un avenir.

Je pense à l'enfant qui oubliera demain le sang dans sa bouche.

Combien de temps avant que l'Occident oublie les corps et les visages des femmes de Kaboul ?

Cette question a la saveur amère d'une défaite collective.

C'est important, quand même : *ne pas oublier.*

Gommer leur présent des actualités, ne plus regarder l'obscurantisme en face, penser à ici sans ne plus penser à là-bas, c'est nous condamner toutes.

Il ne faudra jamais s'affranchir de l'image de ces femmes à côté de nos vies : tant qu'elles ne sont pas libres, nous ne le sommes pas non plus.

On savait que tout ça pouvait arriver.

Ma sœur d'ici ne peut pas dormir.

Rachel m'écrit dans la nuit, elle veut savoir comment va l'enfant.

Je lui dis qu'on réparera les dents, et que d'autres pousseront.

Elles feront comme les sujets des actualités, à l'émotion du jour suivra la suivante.

L'enfant est un prétexte.

Rachel ne sait plus dormir.

Je sais son insomnie, elle berce tendrement la mienne. Nos pensées sont sœurs jumelles.

Nous cherchons le sommeil ensemble.

Nos messages échangés dans le noir nous relient, beaucoup de choses nous lient.

L'envie de ce livre est née d'un instinct de survie :

Nous ne serons plus jamais libres sans qu'elles le soient, alors à nous de leur prêter, ici et maintenant, un peu de notre faculté de dire pour raconter leur autonomie volée.

Les mots sont un pouvoir invincible.

Nous n'arrêterons jamais de lutter contre ceux qui veulent les faire taire.

L'enfant s'est réveillé.

C'est un nouveau matin.

Son sourire raconte un monde neuf.

Il a oublié le sang.

Nous n'oublierons jamais celui qui coule dans les veines des femmes afghanes, sous la peau cachée derrière le voile bleu.

Un jour prochain, l'Afghanistan arrachera toutes les toiles de ses femmes.

Toutes.

Il n'en restera aucune.

On savait que ça pouvait arriver.

On savait que tout ça pouvait arriver.

On savait tous que ça allait arriver.

Nous continuerons à lutter avec les mots, nos phrases nous unissent toutes, nos idées sur papier feront la courte échelle aux pensées de nos sœurs que l'obscurantisme religieux voudrait voir étouffées.

Tant que les femmes afghanes ne seront pas libres, nous ne pourrons l'être vraiment ; mais tant que nous le sommes, elles ne seront jamais complètement prisonnières.

Tristane Banon est romancière, essayiste et chroniqueuse. Son dernier ouvrage, La paix des sexes, *a paru aux Éditions de l'Observatoire.*

UNE VIE, À KABOUL

Brigitte Benkemoun

Je ne suis jamais allée en Afghanistan.

Comme tous, je regarde effarée, impuissante, cette fuite éperdue de milliers d'Afghans, essayant par tous les moyens d'échapper à un cauchemar qui n'en finit pas.

Et je me souviens d'un rêve que je faisais enfant : j'imaginais qu'il existait un double de moi-même à l'autre bout de la Terre. Une fillette née le même jour et à la même heure, qui me ressemblait trait pour trait, mais menait une autre vie.

Cette femme existe peut-être à Kaboul, à plus de 7 000 kilomètres d'ici. J'ai essayé d'imaginer sa vie, si elle est encore en vie.

Elle est née en 1959, sous le règne de Mohammad Zahir Shah. Elle a vu le jour fin mai, exactement au moment où le Premier ministre afghan signait avec Khrouchtchev un accord de coopération pour la construction de l'aéroport de Kaboul et des centaines de kilomètres d'autoroute. Le pays se modernise sous les efforts conjugués et concurrentiels des Russes et des Américains. Et elle naît dans l'espérance d'un progrès dont on veut croire que tous et toutes bénéficieront.

Elle a trois mois quand la reine Humaira Begum et la princesse Bilqis apparaissent dévoilées pour la première fois, publiquement et symboliquement, lors d'un défilé militaire. Par décret royal, le port de la burqa est devenu facultatif pour les Afghanes en 1959. Mais seules les plus émancipées, issues des élites intellectuelles et milieux privilégiés, profitent de cette liberté nouvelle – celles qui étudient à l'université ou travaillent dans des immeubles modernes, et s'habillent à l'européenne.

Elle a six ans quand la nouvelle Constitution octroie le droit de vote à sa mère. L'année suivante, une femme est nommée ministre pour la première fois dans l'histoire du pays. Dans les beaux quartiers de Kaboul, des étudiantes portent la mini-jupe, comme à Londres ou à Paris, au risque parfois de se faire asperger les jambes d'acide par des fanatiques.

Mais la condition des femmes semble progresser. Lentement mais sûrement…

Vivant à Kaboul, il est très probable qu'elle est allée à l'école. Elle a au moins appris à lire, écrire et compter.

Elle a 14 ans quand la monarchie afghane est renversée par le cousin du roi, et la République proclamée. Mais elle doit surtout s'inquiéter du mari que sa famille se prépare à lui imposer. Pourvu qu'il ne soit pas trop vieux, avec déjà d'autres épouses. Elle rêve d'une histoire d'amour.

Elle a 16 ans quand elle se marie, trois ans avant le coup d'état communiste, quatre ans avant l'invasion soviétique. Une partie de sa famille a peut-être fui à l'étranger.

Elle a 21 ans et deux ou trois enfants quand les troupes russes envahissent l'Afghanistan. Peut-être a-t-elle déjà perdu son premier mari, tué au combat comme tant d'autres. Veuve et donc promise à un nouveau mariage.

Le gouvernement communiste prône la modernisation de la société. Certaines pratiques traditionnelles, jugées féodales, sont abolies ou réformées : les mariages forcés sont théoriquement interdits, l'école devient obligatoire pour les filles, et les femmes obtiennent le droit de ne pas porter le voile, de circuler librement et de conduire. Elle est peut-être devenue médecin ou institutrice. En 1988, les femmes représentent 40 % des médecins et 60 % des enseignants à l'université de Kaboul.

Elle a presque 30 ans lorsque le dernier char russe finit par quitter l'Afghanistan, au terme de neuf ans d'occupation et de guerre. En rien une libération... Combien d'enfants a-t-elle perdu ? Combien sauteront ensuite sur une mine que les Soviétiques vont laisser derrière eux ?

Elle a 33 ans quand le pays est déchiré par une nouvelle guerre civile : des centaines de milliers de morts, des viols, des arrestations arbitraires, des exécutions, la peur. Mais tout va aller de Charybde en Scylla.

Elle est une vieille femme de 37 ans quand les talibans prennent le pouvoir en 1996 et instaurent la charia dans une version très rigoriste. Elle est une grand-mère épuisée par les épreuves, le manque de soins, les privations. Elle et ses filles n'ont plus le droit de travailler, ses petites-filles sont exclues de l'école. Et comme toutes les Afghanes, elle doit désormais sortir cachée sous une burqa étouffante, en courant le risque d'être fouettée si une infime partie de peau ou quelques cheveux apparaissent. Jamais elle n'aurait imaginé devoir porter ce voile bleu d'un autre siècle qui ne permet de voir le monde qu'à travers un petit grillage. Les jeux, la musique, les photographies ou la télévision sont interdits. Coupables ou soupçonnées d'adultère, les femmes sont lapidées ou exécutées en public. La peine capitale encore pour les voleurs ou les homosexuels. Elle va vivre cinq années comme en prison, sous la menace des nervis du ministère pour la Promotion de la vertu et la Répression du vice.

Elle a 42 ans quand le commandant Massoud est assassiné, deux jours avant les attentats du 11-Septembre à New York. En représailles, Américains et Britanniques bombardent le pays, puis renversent les talibans.

Elle a 43 ans quand l'espoir renaît avec le président Karzaï, et une République islamique que l'on dirait tempérée. Ses filles vont pouvoir retravailler, ses petites-filles aller à l'école, à l'université, faire du sport, apprendre à jouer d'un instrument de musique. Le 8 mars 2002, on célèbre pour la première fois la Journée de la femme à Kaboul. Outre l'arrivée d'élues au Parlement, les Afghanes ont enfin le droit de ne porter dans la rue qu'un foulard noué sur leurs cheveux. Mais les Américains ont beau prétendre vouloir installer de force la démocratie et la paix, les talibans et Al-Qaïda ne désarment pas. Et la guerre n'en finit pas. Enlèvements et attentats rythment le quotidien. Survivre est un combat. Et après vingt ans de ce régime impuissant et corrompu, comme la majorité des Afghans, elle se sent ignorée par les forces et surtout l'argent des Occidentaux. Elle sait bien qu'ils ont échoué.

Aujourd'hui, elle a 62 ans. Les talibans sont de retour... Elle a peut-être eu la force de marcher des heures jusqu'à l'aéroport pour essayer de s'échapper avec les siens. Elle a peut-être péri dans l'explosion d'une dernière bombe. Il est probable qu'elle vit désormais recluse chez elle. Terrifiée par l'avenir, résignée à s'effacer à nouveau, comme ces représentations de femmes que les talibans se sont empressés de recouvrir partout dans Kaboul. Elle est fière de ces jeunes femmes qui manifestent à visage découvert pour crier leur colère et tenter de sauver leurs droits, si chèrement acquis. Jamais elle n'aurait osé quand elle avait leur âge. Elle a envie de croire que ces dernières années de liberté ont profondément changé l'Afghanistan et qu'elles résisteront.

Mais, elle, est épuisée. Son espérance de vie est de 66 ans. Elle sait qu'elle ne reverra jamais son pays libéré.

Brigitte Benkemoun est journaliste et écrivaine.

« PLUS SOLIDES QU'UN ROC »

Marie-Françoise Colombani

« Ce moment aussi passera. » Quelques mois après les attentats du 11 septembre 2001 et la chute des talibans, on pouvait lire ce proverbe afghan sur le minibus déglingué qui accueillait les passagers sur le tarmac de l'aéroport de Kaboul. Les quelques centaines de mètres qui les conduisaient ensuite à l'aérogare étaient parsemées de voitures carbonisées et de tanks isolés, témoins de la guerre qui venait de se dérouler pendant de longues années. La capitale était ravagée et beaucoup de femmes n'avaient pas encore osé s'évader de la prison de leur burqa bleue.

L'écrivain Atiq Rahimi raconte l'origine de ce proverbe dans son livre *Le Retour imaginaire*[1]. Dans le pays de l'insolence, comme on appelle aussi l'Afghanistan, il était une fois un roi qui demande à un artiste de sa cour de lui créer une œuvre qui lui apporterait la sérénité, quelle que soit la situation qu'il vivrait. Quand l'homme revient le voir, il lui offre un anneau très simple avec, gravés, les quelques mots inscrits sur le véhicule de l'aéroport. En d'autres termes, profitons des instants heureux et ne perdons pas espoir dans le malheur car tous *ces moments aussi passeront*.

Alors oui, on peut imaginer que la nouvelle dictature inhumaine des talibans disparaîtra un jour ou l'autre comme elle a disparu il y a vingt ans. Mais l'Histoire avec un grand « H » vient aussi d'apprendre aux femmes afghanes que tout peut revenir. Et en pire, puisque nous, les Occidentaux, qui depuis 2002 avons importé notre modernité – limitée il est vrai à la capitale –, nous les avons en toute connaissance de cause complètement abandonnées. Comment ont-elles pu nous faire confiance ?, doivent-elles se demander aujourd'hui. Comment vont-elles pouvoir continuer à vivre en n'espérant plus d'aide de personne puisque, malgré toute la liberté que nous leur avons

1. Atiq Rahili, *Le Retour imaginaire*, P.O.L., 2005.

« vendue », l'avenir qu'on leur a permis d'imaginer, l'amitié qu'on leur a manifestée, on les a laissées complètement tomber ? Et ce bruit des avions étrangers qui, fin août, disparaissaient peu à peu dans le ciel, comment vont-elles pouvoir l'oublier ? Et ces métiers dans lesquels elles se sont lancées avec passion parce qu'on leur a démontré qu'elles avaient le droit de les exercer ? Et ces vêtements qu'on leur a donné envie de porter ? Eh bien oui, si elles veulent rester vivantes, elles vont devoir les cacher sous la burqa bleue que leur mère et leur grand-mère ont enduré.

Nous sommes aujourd'hui les témoins passifs et inexcusables d'une mise à mort qu'on a refusé de voir arriver. Sauve qui peut !

Quand, en ce jour de 2002 où, avec une équipe du journal *ELLE* – Marion Ruggieri, Cécile Clot, Sophie Steinberger –, Sebastien Turbot d'Afghanistan Libre et Chékéba Hachemi, la présidente de cette association, nous débarquions à Kaboul, notre but était d'aider des journalistes afghanes à faire un journal pour les femmes. Avec Lailoma, Najiba, Fakria, Abeda, Massouda, Safia, Yalda…, nous avons vécu une aventure extraordinaire, enthousiaste, joyeuse et mixte. Quand il a fallu trouver un nom pour ce magazine, *ROZ* nous a toutes mises d'accord. Parce que déjà il se prononçait facilement en français, mais surtout, surtout parce qu'il signifiait

« le jour » en persan. Lorsque Lailoma, la rédactrice en chef, a écrit son premier édito, elle a commencé par ces mots : « Ici, on dit d'un être humain qu'il est plus fragile qu'une fleur mais plus solide qu'un roc. Ainsi sont les femmes afghanes. » Mais leur magazine a cessé de paraître depuis quelques années, faute de moyens, les coûts d'impression et du papier étant devenus impossibles à assumer. Afghanistan Libre, comme toutes les ONG sur le terrain, voit le soutien financier de ses partenaires fondre chaque année. Quant aux aides publiques, elles ont complètement cessé en 2014, année du départ de la France. Depuis quelques semaines, l'Afghanistan ne fait plus la une des médias. On ne va plus parler de ce pays jusqu'à ce qu'il fasse parler de lui, avec, par exemple, un attentat spectaculaire. En 2002, Lailoma terminait son texte par cette phrase : « Après la nuit, la lumière… » Mais, aujourd'hui, les femmes afghanes sont sorties de la lumière. Elles sont entrées au cœur de l'obscurité la plus sombre…

Pourtant, gardons en mémoire : « Plus solides qu'un roc » !

Journaliste, éditorialiste et grand reporter au magazine ELLE, *Marie-Françoise Colombani est aussi écrivaine et scénariste.*

SI J'ÉTAIS NÉE AFGHANE

Caroline Fourest

Être universaliste, ce n'est pas regarder l'autre comme un autre. Si différent, exotique, qu'il mérite une autre vie, un autre sort.

Être universaliste, c'est envisager l'autre comme un soi-même. Le considérer comme un frère, comme une sœur. Se glisser dans sa peau. Se demander ce que serait sa vie, maintenant, en ce moment, si l'on était née femme en Afghanistan.

Si j'étais née en Afghanistan, j'aurais passé mon enfance à trembler. Mon adolescence à serrer les cuisses et les dents. Si j'étais née pauvre, il aurait fallu me battre pour aller à l'école, à cheval ou en mulet. Il m'aurait fallu prier pour ne pas être mariée à un homme plus âgé, inculte, laid et violent.

Si j'étais née dans une famille plus aisée, j'aurais pu rêver entre deux grillages. Celui de ma maison barricadée. Celui de ma burqa étouffante.

Si j'avais eu la chance de survivre sans être brisée ou violée, j'aurais peut-être fini par suivre des études grâce au départ des talibans.

J'aurais appris l'anglais en regardant des films américains. Redécouvert qu'il existait des femmes fortes dans ma propre histoire, dans ma propre famille, mais qu'on les avait tues et « silenciées », comme disent les Occidentales.

J'aurais peut-être trouvé un petit boulot de traductrice. Qui sait, je serais peut-être devenue journaliste. Comme le désir ne dépend pas du pays où l'on naît, je serais tombée amoureuse d'une femme. Tout mon corps et mon âme en trembleraient. Il me serait impossible de vivre cet amour sans me cacher, sans risquer d'être lynchée. Par un fanatique, un oncle ou mes propres parents.

Si j'étais née en Afghanistan, j'aurais vécu ma jeune vie d'adulte dans l'angoisse du retour des talibans. Ce jour venu, j'aurais supprimé tous mes amis occidentaux de mes contacts. Pour ne pas être repérée sur les réseaux.

Je serais quand même allée travailler, le cœur affolé, le corps serré sous un voile plus épais, juste pour ne pas abdiquer.

À l'entrée, deux hommes en barbe et en armes m'auraient congédiée en crachant : « Ce n'est plus la peine de venir. Les règles ont changé. »

Le soir, tétanisée de rage et de peur, je découvrirais le nouveau présentateur du journal à la télé. Un homme terrorisé, tenu en joue par des enturbannés, qui récite une dictée.

Si j'étais afghane, je n'aurais pas fait d'enfant. Plutôt crever que de mettre au monde une petite fille dans ce monde. Je n'aurais pas à courir après les roues des avions pour confier mon bébé.

Mais je chercherais par tous les moyens, par tous les contacts, une place, un siège, pour l'Europe ou l'Amérique.

Si j'étais afghane, je reprendrais ma vie à zéro comme réfugiée. Perdue et désespérée, percée d'apprendre que mes amis restés sur place se sont fait égorger.

Si j'étais née en Afghanistan, j'envierais ceux qui sont nés ailleurs. Ceux qui n'ont pas grandi dans la terreur. Leur enfance douce. Leur adolescence passée à flirter. Comme lesbienne née en Occident, je les envie déjà. Comme femme afghane, je n'imagine même pas.

Si j'étais née en Afghanistan, j'irais sur les réseaux sociaux pour garder le contact avec mes amis perdus, avec ma vie perdue. Je serais prise de nausées en voyant des influenceuses s'amuser à poser en burqa, tout sourire, pour promouvoir la « diversité ».

Je détesterais ces enfants gâtés issus des plus prestigieuses universités qui refusent de « juger » les talibans, parce qu'il faut respecter toutes les autres cultures et ne pas flatter l'« islamophobie ».

Si j'étais née afghane, je pleurerais en voyant des jeunes féministes parlant de « sororité » à longueur d'année, devenir soudainement aphones pour mes sœurs.

Si j'étais née afghane, je maudirais ces commentateurs et ces diplomates jurant leurs grands dieux que les talibans ont changé.

Si j'étais née en Afghanistan, je crierais.

Je suis née en France.

Mais les femmes libres du monde entier sont mes sœurs.

Et comme elles, j'ai envie de crier.

Caroline Fourest est écrivaine, journaliste et réalisatrice. Écrivant depuis vingt ans sur l'intégrisme religieux, elle a interviewé l'un des chefs talibans, et réalisé un film de cinéma – Sœurs d'armes – *sur le génocide yézidi et le courage des combattantes kurdes.*

CHÈRE PETITE FILLE AFGHANE

Émilie Frèche

Tapie au fond du ventre de ta mère, bien à l'abri de la nuit qui est tombée sur ton pays en ce 15 août 2021, je me demande ce que tu peux percevoir du chaos, de l'effroi et du chagrin qui étreignent à présent ton peuple, mais c'est à toi que je veux m'adresser. Toi qui n'es pas encore née ; toi qui n'auras jamais connu d'autres lois que celles des talibans ; mais toi qui devras demeurer, malgré l'effondrement probable de ta mère et de ses amies, la noble héritière de ce qu'elles auront été avant ta naissance – de merveilleuses combattantes pour la liberté.

Seulement pour cela, il faut que tu saches à quoi cette liberté ressemble.

Quel est son parfum, sa forme, sa couleur, et les mille et un plaisirs qu'elle procure. Car oui, je crois que la liberté est avant tout une affaire de plaisir, et même de jouissance ; entends comme ce mot est beau, mot qui, à coup sûr, me vaudrait coups de fouet et lapidation de la part des fous d'Allah qui ont pris le pouvoir dans ton pays, mais peu m'importe leurs lois et, pour leur faire les pieds, regarde, j'écris encore ce mot qui leur fait si peur, *jouissance*, puisque c'est d'elle, bien sûr, qu'ils veulent te priver, mais moi qui ai cette chance inouïe de vivre dans un pays où la liberté est un droit fondamental, je vais en user pour te raconter 28 plaisirs que les talibans espéraient que tu ne connaîtrais jamais. Vingt-huit grands et petits plaisirs pour répondre aux vingt-huit lois absurdes qu'ils viennent d'édicter à ton encontre.

Loi n° 1 – Interdiction totale de toute activité pour les femmes en dehors du foyer, à moins qu'elles ne soient accompagnées de leur « mahram » *(proche parent masculin).*

Plaisir n° 1 : Faire travailler tous les *mahrams* de ma famille, mari et fils ! Les inviter à faire de la figuration dans mon film. Les regarder, les diriger, les trouver justes, et les trouver beaux.

Loi n° 2 – Interdiction de faire des affaires avec des marchands hommes.

Plaisir n° 2 : Négocier mon bureau avec un agent immobilier. Je venais sans doute de terminer la lecture d'*Une chambre à soi* de Virginia Woolf, livre dans lequel la romancière britannique explique que lorsqu'on est une femme et que l'on écrit, c'est la seule chose dont on ait besoin ; un endroit rien qu'à soi. Un lieu où le monde se tait. Il me fallait donc cette chambre absolument. Pourtant, je ne savais pas encore à quel point Virginia Woolf avait raison. Je m'en rends compte aujourd'hui, quand je retrouve ce cocon et que je peux laisser à la porte toutes celles que je suis en dehors de l'écriture – la mère, l'épouse, la fille, l'amie, la sœur. Le plaisir qui m'étreint alors est aussi grand que le premier bain de mer après l'hiver.

Loi n° 3 – Interdiction d'être traitée par des médecins hommes.

Plaisir n° 3 : Me faire accoucher par un homme car jamais je n'aurais osé hurler sur une femme comme j'ai hurlé sur ce gynécologue entre mes cuisses, qui tardait à faire venir au monde mon enfant. Soulagement absolu.

Loi n° 4 – Interdiction d'étudier dans les écoles et les universités.

Plaisir n° 4 : Voir chaque jour cette vieille dame au premier rang de l'amphithéâtre Richelieu, à la Sorbonne, quand j'étais en Lettres modernes. Son visage ressemblait à un soleil, on aurait dit une petite fille. Après les vacances de Pâques, elle n'est plus revenue. On a appris qu'elle était morte. Ses enfants ont organisé un hommage en sa mémoire et à travers leur discours, on a su qu'elle s'était mariée à dix-huit ans avec un homme que son père lui avait choisi. Elle avait eu quatre enfants. Elle n'avait jamais travaillé, sinon aux tâches ménagères. Elle aurait aimé être institutrice. Quand son mari est mort, elle a décidé d'entamer des études, elle a obtenu son baccalauréat et, plus tard, à la faculté avec nous, elle remerciait la vie sans arrêt de pouvoir encore apprendre des choses à son âge. Elle s'appelait Madeleine. Sur sa tombe, ses enfants ont fait graver cette épitaphe : « Il n'est jamais trop tard. »

Loi n° 5 – Les femmes doivent porter la burqa qui les couvre de la tête aux pieds.

Plaisir n° 5 : Porter la robe de Mireille Darc dans *Le Grand Blond avec une chaussure noire*. C'est la robe la plus sexy du cinéma français. Les femmes afghanes pourraient essayer ; je suis sûre que, de face, les talibans n'y verraient que du feu. De face, cette splendeur ressemble à une sorte de burqa très moulante, noire, avec col cheminée et manches longues, mais le dos, lui, est entièrement dénudé jusqu'à la chute des reins, jusqu'à la naissance des fesses, et la taille soulignée d'une discrète chaîne dorée. Il faudrait simplement apprendre à marcher en crabe.

Lois n° 6, 7, 8 – Fouet, passage à tabac, lapidation et bastonnade publique des femmes qui ne respectent pas les règles édictées par les talibans.

Plaisirs n° 6, 7, 8 : Dîner avec mon amie Astrid dans un grand restaurant chaque fois qu'elle parvient à envoyer en prison un type qui bat sa femme. Astrid est avocate. Pour sa dernière victoire, elle m'a invitée chez Hélène Darroze. On a bu du champagne à la santé de sa cliente, et à son bonheur retrouvé. Beaucoup de champagne. Les gens étaient choqués, mais on avait une bonne raison d'être gaies.

Loi n° 9 – Interdiction de l'usage des produits de beauté et du maquillage.

Plaisir n° 9 : Aller chez Sephora et tout essayer – les mascaras, les fonds de teint, les rouges à lèvres, les ombres à paupières. J'irai tout à l'heure. J'irai pour que tu saches que c'est ce que les femmes font, tous les jours, partout dans le monde. Partout où elles sont libres. Moi, je n'aime pas beaucoup me maquiller, mais j'adore le maquillage. Oui, j'adore cette possibilité offerte aux femmes de masquer ce qui leur déplaît, de tricher avec le réel, de s'embellir. C'est comme une caresse que l'on se fait à soi-même. Un jour tu essaieras – un peu de jus de grenade sur tes joues et sur tes lèvres –, et tu verras comme c'est agréable.

Loi n° 10 – Interdiction de parler à un homme ou de lui serrer la main.

Plaisir n° 10 : J'aime bien cette loi si c'est un choix. Je pourrais l'opposer à mes trois fils lorsqu'ils me pompent l'air – *interdiction de parler à un homme* –, ça les laisserait sans voix. Et puis ça les ferait rire. Et moi aussi.

Loi n° 11 – Interdiction de rire aux éclats.

Plaisir n° 11 : Rire sous cape, pendant les cours de musique, quand on apprenait à jouer de la flûte et qu'on était incapable d'émettre autre chose qu'un son qui ressemblait à une truie à l'agonie. « Je vous interdis de rire ! » hurlait la prof, hors d'elle. « Je vous interdis de rire, sinon je vous envoie chez la directrice ! » La directrice n'était pas une femme commode, personne n'avait envie de se retrouver dans son bureau, alors on se retenait de toutes nos forces, et puis un jour, à force de se retenir, on s'est pissées dessus.

Je te vois qui souris.

Sourire tu as le droit, c'est pas rire aux éclats.

Loi n° 12 – Interdiction de porter des talons hauts qui peuvent faire un son.

Plaisir n° 12 : Regarder en boucle la scène d'ouverture de *L'Homme qui aimait les femmes* de François Truffaut. On y voit, en plan serré, des jambes avec des talons défiler devant la tombe d'un homme et, en voix off, cet homme nous dit : « Les jambes des femmes sont des compas qui arpentent le globe terrestre en tous sens, lui donnant son équilibre et son harmonie. » Il n'est pas de son plus excitant que celui des talons sur l'asphalte.

Loi n° 13 – Interdiction de prendre un taxi sans son « mahram ».

Plaisir n° 13 : Me faire conduire par des chauffeuses de taxi. La dernière en date est venue me chercher à la sortie d'un dîner ; il était une heure du matin, elle fredonnait un air de jazz. Paris était désert. Pas un chat sur la place de la Concorde, personne non plus sur le boulevard Saint-Germain. « Voilà pourquoi j'aime tant rouler la nuit ! » a-t-elle dit. « Et aussi pour les clients. Ils sont bien plus détendus que le jour. Et s'ils ne le sont pas, je les fous dehors ! » Elle rentrait au petit matin, réveillait son fils, prenait avec lui son petit déjeuner et allait ensuite se coucher. Elle était chauffeuse depuis vingt ans. Elle adorait son métier.

Loi n° 14 – Interdiction d'être sur un plateau de télévision, de radio ou dans un rassemblement public.

Plaisir n° 14 : Regarder mon petit garçon danser au centre d'une ronde de femmes coiffées d'un bonnet phrygien, dans une manifestation pour l'allongement du délai légal de l'avortement, un samedi, à Paris, place de la République.

Loi n° 15 – Interdiction de pratiquer un sport.

Plaisir n° 15 : Nager le dimanche à Thérèse-et-Jeanne-Brulé. C'est le nom que porte ma piscine.

Tu sais qui étaient Thérèse et Jeanne Brulé ? Les fondatrices, en 1912, de la Fédération des sociétés féminines sportives de France. Plaisir d'être la première dans le bassin, de plonger sans réfléchir, de me laisser saisir par l'eau fraîche et de glisser dans mon couloir jusqu'à n'être plus qu'une pensée qui voyage. Une pensée sauvage.

Loi n° 16 – Interdiction de circuler à bicyclette ou à vélo.

Plaisir n° 16 : Traverser la ville sur une trottinette électrique. Être debout et immobile, sentir le vent dans ses cheveux, avoir à nouveau dix ans.

Loi n° 17 – Interdiction de porter des vêtements de couleur vive.

Plaisir n° 17 : Porter des imprimés léopard.

Loi n° 18 – Interdiction des rassemblements à caractère festif.

Plaisir n° 18 : Fêter des séparations – la chose la plus difficile à réussir.

Loi n° 19 – Interdiction de laver le linge dans les rivières ou sur les places publiques.

Plaisir n° 19 : Regarder, en rêvassant, ses affaires tourner dans le hublot du lave-linge. Récupérer ses vêtements au pressing, impeccables.

Loi n° 20 – Modification de toute nomenclature de rues comportant le mot « femme ».

Plaisir n° 20 : Voir donner à une allée le beau nom de Sonia Rykiel, dans le quartier de Saint-Germain-des-Prés, à Paris, et la revoir elle, chevelure rousse, silhouette de maille, parisienne jusqu'au bout des ongles, toujours en mouvement.

Loi n° 21 – Interdiction aux femmes de se pencher au balcon de leur appartement.

Plaisir n° 21 : Se pencher à peine, comme Roxane, pour demander à son fils qui a pris *Cyrano* au bac français de mettre un peu plus de cœur à l'ouvrage lorsqu'il attaque la longue tirade sur le nez – allez, on y retourne, sous le balcon s'il te plaît !

Loi n° 22 – Opacification de toutes les fenêtres, pour que les femmes ne soient pas visibles de l'extérieur de leur maison.

Plaisir n° 22 : Observer les toits de Paris depuis n'importe quelle terrasse, regarder des femmes lire à poil sur leur transat, d'autres faire la cuisine ou l'amour, d'autres encore danser seules dans leur salon et imaginer leur vie.

Loi n° 23 – Interdiction pour les tailleurs de prendre les mesures des femmes et de coudre des vêtements pour femmes.

Plaisir 23 : Aller faire une petite razzia chez Zara en se disant que la *fast fashion*, c'est mal.

Loi n° 24 – Interdiction aux femmes d'accéder aux toilettes publiques.

Plaisir 24 : Faire pipi dans la neige. Faire pipi dans la mer.

Loi n° 25 – Interdiction pour les hommes et pour les femmes de voyager dans le même bus.

Plaisir n° 25 : Voyager tout court. En bus, à pied, en avion, en bateau. Traverser des frontières. Ne pas avoir de date de retour.

Loi n° 26 – Interdiction des pantalons évasés, même portés sous la burqa.

Plaisir n° 26 : Être nue, l'été, sous ses robes.

Loi n° 27 – Interdiction de photographier des femmes.

Plaisir n° 27 : Poser pour un inconnu.

Loi n° 28 – Interdiction de publier ou d'accrocher au mur des photos de femme.

Plaisir n° 28 : Visiter l'Afghanistan le jour où ce régime tombera, et faire de la charia des confettis.

*Émilie Frèche est écrivaine (*Vivre ensemble, Un homme dangereux, Deux étrangers, *prix Orange 2013), scénariste et réalisatrice. Son premier film,* Dans un monde idéal, *sortira en 2022.*

LEUR COURAGE...

Chékéba Hachemi

Ces vingt dernières années ont été une fenêtre ouverte sur l'extérieur pour mon pays, l'Afghanistan. Celles qui ont particulièrement bénéficié de cet élan d'espoir sont les femmes afghanes et les très jeunes filles du pays – cette génération qui a 25 ans aujourd'hui, et qui n'a pas connu l'ancien régime taliban ; une génération qui déchante brutalement devant cette horrible réalité, la sienne désormais.

C'est pour toutes ces filles et pour ces femmes, survivantes de quatre années d'horreur sous l'ancien régime taliban (1996-2001), que j'ai créé Afghanistan Libre. En vingt ans, nous avons rendu l'impossible possible. Des jeunes filles des zones les plus reculées du pays ont retrouvé le chemin de l'école ; elles ont été accompagnées tout au long de leur parcours scolaire à travers des programmes toujours plus innovants : plus de 3 000 jeunes filles sont ainsi sorties bachelières et sont devenues sages-femmes, enseignantes, journalistes ! Si le cœur d'action d'Afghanistan Libre a toujours été de permettre l'accès à une éducation de qualité, nous n'avons jamais abandonné leurs mères, emmurées vivantes sous le régime taliban, dénuées d'existence. Afghanistan Libre a œuvré durant ces vingt années à faire respecter les droits des femmes et à sensibiliser les hommes à l'importance de la condition féminine, avec l'objectif de créer des communautés plus sûres et plus justes.

Pour écrire une nouvelle page après ces années noires, Afghanistan Libre a accompagné près de 300 000 filles et femmes afghanes vers l'entrepreneuriat, et soigné les traumatismes des violences sexuelles, physiques, émotionnelles et sociales dont leur vie n'a pas été exempte.

En vingt ans, Afghanistan Libre a accompagné des jeunes filles devenues digital codeuses, enseignantes, médecins, ingénieurs mais aussi des femmes désormais soucieuses de leurs droits et qui feront tout pour les conserver et les transmettre à leurs enfants.

Quand je fais le bilan de ces vingt dernières années, je ressens énormément de fierté. Afghanistan Libre a su mobiliser des Afghans et des Afghanes, des Français et des Françaises, et des « amis » de tous horizons autour de l'éducation des filles.

Cette fierté a, aujourd'hui, un goût amer : tout ça pour ça ?

Soyons réalistes, les talibans d'aujourd'hui ne diffèrent en rien de ceux d'hier ; ils sont même plus dangereux. Ils manient désormais l'art de la communication et de la diplomatie. Mais la longue liste des interdits imposés aux femmes est la même. Nous ne devons pas nous contenter de leur métamorphose cosmétique. Nous ne pouvons pas faire de compromis sur un droit aussi fondamental et universel que le droit à l'éducation. Depuis le 15 août dernier, les femmes afghanes donnent à voir un courage absolu dans la revendication de leurs droits. Elles sortent dans les rues, elles témoignent sur les réseaux, elles continuent à se rendre au travail au risque de leur vie.

C'est leur courage que j'ai souhaité illustrer ici en sélectionnant ces quelques *landais*.

C'est grâce aux *landais* (littéralement, « petit serpent venimeux ») que les femmes afghanes, de Kaboul aux zones les plus reculées du pays, dépeignent les réalités d'un quotidien muselé depuis des décennies… Alors que leur existence même a été niée, ces femmes, résilientes, n'ont eu d'autre choix que de substituer les mots à l'action.

Symboles de rébellion, railleurs ou véhéments, ces petits vers évoquent l'amour, la guerre, les interdictions et les violences que les femmes subissent continuellement. En déclamant leurs proses, les Afghanes reprennent le pouvoir et échappent à des vies édictées arbitrairement par des hommes.

En voici quelques exemples, ils racontent leur force et leur clairvoyance :

« Taliban, tu m'interdis d'aller à l'école. Je ne deviendrai jamais médecin. Pense à une chose : un jour, tu tomberas malade. »

« À Kaboul, les Américains combattent les talibans ; là-bas derrière les montagnes, ils les entraînent. »

« Que ton avion s'écrase et que le pilote meure, toi qui déverses des bombes sur mon cher Afghanistan. »

« Que Dieu détruise les talibans et mette fin à leurs guerres. Ils ont fait des femmes afghanes des veuves et des putains. »

Leur courage...

« Père, tu m'as vendue à un vieil homme. Que Dieu détruise ta maison ; j'étais ta fille. »

« Lorsque les sœurs s'assoient ensemble, elles louent toujours leurs frères. Quand les frères sont assis ensemble, ils vendent leurs sœurs aux autres. »

« Je suis comme une tulipe dans le désert. Je meurs avant de m'ouvrir. Et la brise du désert éparpille mes pétales. »

Les femmes afghanes n'ont pas besoin d'être sauvées – les dernières manifestations dont elles sont à l'initiative, à travers tout le pays, nous le prouvent encore une fois –, elles ont besoin d'être entendues et soutenues.

Afghanistan Libre est née sous les talibans, en 1996 ; Afghanistan Libre survivra à l'année 2021 et à celles à venir pour ne jamais abandonner celles qui n'ont pas ma chance, ou la chance de ma fille de 12 ans, d'être aujourd'hui du bon côté de la planète.

Militante, écrivaine, diplomate, Chékéba Hachemi est la fondatrice et présidente de l'association Afghanistan Libre.

DES SILENCES ET DES CRIS

Rachel Khan

Il y a des cris qui appellent à l'aide, des cris qui prient d'être entendus à travers le monde, ceux des femmes afghanes, journalistes, juges, médecins, artistes, des cris imprégnés de terreur face aux régimes des talibans.

Il y a des cris que nous entendons, qui nous brisent l'âme et le cœur.

Lorsque des femmes souffrent quelque part dans le monde, c'est le monde entier qui souffre. Que faire ? Quoi faire ?

Refuser de ne pas parler, refuser de ne pas dire les choses avec clarté.

Refuser la démagogie, les instrumentalisations politiques qui voudraient faire croire qu'il est possible pour une armée de rapatrier un pays entier dans un autre pays.

Alors, appeler son amie, sa sœur de sol, Tristane, qui ne dort certainement pas non plus.

Nous dire que personne n'est impuissant.

Nous dire que les droits des femmes ne sont pas une approximation selon les pays, mais une exigence universelle.

Et, puisque nous avons cette chance de pouvoir écrire dans notre pays de liberté et d'expression, alors écrivons ensemble.

Écrire pour rappeler que c'est l'humanité entière qui est heurtée à travers ces femmes menacées, humiliées, invisibilisées, châtiées, torturées et violées.

Écrire pour rappeler que le processus de colonisation des islamistes est en cours en Afghanistan, mais aussi à travers le monde et je pense ici au Mali, au Burkina Faso, au Niger, au Nigeria, notamment.

Écrire pour rappeler que c'est le bouddhisme qui était présent partout en Afghanistan à côté du zoroastrisme avant la conquête arabe.

Écrire pour dire que la charia tue, discrimine et viole les droits les plus précieux des êtres humains.

Écrire pour souligner que tout relativisme culturel pour ces femmes est indécent.

Considérer que l'esclavage, la torture, les traitements inhumains et dégradants, les viols sont interdits, ce n'est pas de la colonisation occidentale, c'est juste l'universalisme des droits les plus fondamentaux reconnus par la Cour pénale internationale. En droit international, il existe des normes dites de *jus cogens*, des règles de droit impératif, qui sont *erga omnes* et hétéronomes, donc qui s'imposent à tous les territoires du monde.

Au regard de nos humanités reliées, il y a un droit et même un devoir de dénoncer ces exactions et les règles islamistes qui les permettent. La raison est simple : nous sommes « toutes et tous concernés » par l'humanité.

Et si nos écrits paraissent insignifiants face à l'ampleur du désastre, ils sont malgré tout ce que nous souhaitons partager avec ces femmes, mais aussi avec les hommes afghans qui ont à soumettre leurs femmes, leurs sœurs, leurs amies, leurs mères.

Écrire, c'est peut-être aussi le début d'un élan permettant l'action qui regarderait le mal à sa source et non en racontant n'importe quoi, pour faire semblant de s'agiter. Les cris de ces femmes résonnent dans ce que nous avons de plus universel et nous ne pouvons pas faire comme si nous ne savions pas.

Essayiste et chroniqueuse, Rachel Khan est aussi juriste, actrice et scénariste.

SOUTENIR LES FEMMES AFGHANES POUR VAINCRE L'ISLAMISME !

Mohamed Sifaoui

Jusqu'au milieu des années 2000, je me rendais régulièrement en Afghanistan. Pays que je rejoignais toujours en suivant le même itinéraire : une escale de quelques heures à Dubaï, puis vol pour Islamabad, capitale du Pakistan, où je passais deux ou trois nuits avant de me diriger vers Peshawar, la célèbre ville frontalière avec l'Afghanistan pour y retrouver l'un des guides avec lesquels je travaillais en toute confiance et qui me permettaient d'entrer par la route sur le territoire afghan, y compris clandestinement parfois, pour atteindre, le plus souvent Jalalabad, d'abord, et Kaboul, ensuite.

Durant les différents voyages que j'ai effectués et qui se sont étalés sur une quinzaine d'années, ce qui me frappait, c'est que beaucoup de choses pouvaient changer, mais s'il y avait un sujet qui restait immuable, c'était bien la situation des femmes afghanes.

À chaque fois, je vivais ces reportages comme des frises chronologiques : en partant de Paris, je laissais des femmes libres, coquettes, cheveux au vent. En atterrissant à Dubaï, j'en trouvais d'autres, souvent cachées sous des *abayas* ; à Islamabad, le corps féminin se dérobe de plus en plus aux regards et ensuite, plus je me dirigeais vers la frontière afghane, plus les femmes devenaient invisibles jusqu'à disparaître totalement de l'espace public. Cette description n'est ni romancée ni exagérée, c'est quelque chose qui me frappait à chaque fois. Cette obsession de la femme et, singulièrement, de son corps est une constante dans les milieux islamistes mais, dans aucun pays, y compris en Arabie Saoudite, antre du salafisme et sanctuaire de l'obscurantisme, le sort des femmes n'est aussi terrifiant qu'en Afghanistan, notamment sous les talibans.

J'écris « notamment » car il est faux de croire qu'avant l'arrivée de ces derniers au pouvoir, en 1996, la situation des femmes était enviable. Et il est important, de ce point de vue-là, de s'éloigner de l'image d'Épinal et de corriger quelques fantasmes journalistiques occidentaux et autres simplifications. Les femmes afghanes ont fait, dès le début de la guerre contre les Soviétiques, en 1979, sous étendard djihadiste, l'amère expérience de la violence et de la misogynie. Celles-ci, quoi qu'on en dise, ne sont pas spécifiques à ces tristes sires enturbannés, formés par les services secrets pakistanais – avec l'aval des Américains, faut-il le rappeler. Avant eux, plusieurs factions islamistes regroupées, le plus souvent, selon des affinités ethniques et tribales, surtout *Jamiat-i Islami*, *Ittihad-i Islami* et *Hizb-i Wahdat*, perpétraient exécutions sommaires et viols collectifs contre des femmes de clans adverses. Des pratiques d'un autre âge s'étaient répandues entre 1992 et 1996, sous la gouvernance de Burhanuddin Rabbani – lorsque l'iconique Ahmed Shah Massoud entra en force dans la capitale afghane pour occuper plus tard le poste de ministre de la Défense, plusieurs de ses hommes, composant la troupe tadjike, s'en donnèrent à « cœur joie » face à des corps de femmes meurtries et humiliés. Oui ! car cela est consubstantiel, non pas à la pensée talibane seulement, mais à l'idéologie islamiste. Gare aux défaits ! Ou, plus précisément, « haro sur les femmes des vaincus » !

En vérité, la doctrine salafiste stipule que les biens, l'honneur et le sang des musulmans sont sacrés, mais pour les adeptes de cette pensée moyenâgeuse, cette sacralité devient caduque dès lors qu'il est question du mécréant (ou de l'apostat). Or, pour justifier un combat contre d'autres musulmans, les factions islamistes doivent excommunier leur vis-à-vis, lorsqu'il est musulman, pour pouvoir à la fois le tuer (désacraliser le sang), le voler (désacraliser ses biens) et l'humilier (en s'attaquant à son honneur). Dans cette société tribale abreuvée à la fois de superstitions et de logiques islamistes, l'honneur d'une famille, d'une tribu ou d'un groupe ethnique est porté par la gent féminine et c'est ainsi que le viol devient une arme de guerre. En 1995, par exemple, les hommes de la *Jamiat-e Islami* du commandant Massoud avaient lancé, en guise de représailles, une descente sur un quartier hazara de Kaboul, où plusieurs femmes furent violées et parfois torturées. Il est important de ne pas oublier que la violence contre les femmes est utilisée en Afghanistan comme un moyen pour terroriser et, je l'ai déjà souligné, humilier des adversaires.

En réalité, la charia si souvent citée par les commentateurs occidentaux comme un dispositif mis en place par les seuls talibans, a été instaurée dès le commencement du conflit contre les Soviétiques. Au début des années 1980, les quatre tribunaux provinciaux du pays sont placés sous la tutelle de la *Federal Shariat Court*, des idéologues des différentes factions de moudjahidines qui ont alors pour rôle de débusquer toute pratique contraire aux préceptes islamistes. Par la suite, en 1984, ce dispositif sera complété par la création de missions locales, baptisées *Qazi Courts*. Les châtiments corporels sont à l'époque déjà légion et le viol d'une femme mariée est souvent considéré comme un acte d'adultère dont se serait rendue coupable la victime, d'autant que le témoignage d'un seul homme permet de supplanter celui de deux femmes.

Il est important de rappeler tout ceci pour sortir de cette hypocrisie qui, depuis plusieurs années, laisse croire qu'en Afghanistan, le seul et unique problème serait incarné par les talibans. En réalité, le sort des femmes n'a cessé de s'y dégrader dès que la pensée islamiste a pénétré les différentes couches de la société. Le chef de guerre pachtoune Gulbuddin Hekmatyar n'a pas attendu les talibans pour considérer les femmes telle une entité insignifiante. Celui qui est encore surnommé le « boucher de Kaboul » était réputé pour être, depuis le début de sa carrière politique, durant les années 1970, comme celui qui incitait ses adeptes à jeter de l'acide sur le visage des jeunes filles qui prétendaient à l'éducation ou qui refusaient de porter le voile.

Les talibans, officiellement des « étudiants en théologie » formés dans les écoles coraniques pakistanaises, mais en réalité de jeunes Pachtounes endoctrinés par l'ISI (les services de renseignement pakistanais, eux-mêmes composés majoritairement de Pachtounes au niveau du haut commandement notamment) lancent, à partir de 1994, une vaste offensive pour prendre le contrôle des différentes provinces afghanes. Armés par Islamabad et bénéficiant de l'épuisement de la société afghane, meurtrie par les luttes intestines entre différents seigneurs de la guerre et le sort réservé à la population civile, surtout aux femmes, les talibans sont reçus au départ comme des « sauveurs ». En septembre 1996, ils font main basse sur l'ensemble du territoire, hormis le réduit tadjik tenu par le commandant Massoud qui avait compris la nécessité de travailler auprès des Occidentaux une nouvelle image et de se démarquer des pratiques barbares préconisées très tôt par les talibans. Celui qui allait devenir le célébrissime mollah Omar annonce alors la naissance de l'« Émirat islamique d'Afghanistan » et accueille sous son aile Oussama Ben Laden, jusqu'alors installé au Soudan.

Dès leur prise de pouvoir, les talibans, d'aucuns s'en rappellent, avaient émis des décrets liberticides restreignant la libre circulation des femmes qui ne pouvaient plus quitter leur domicile qu'accompagnées d'un *mahram* (un époux ou proche avec lequel il n'est pas possible de se marier) et uniquement pour des motifs impérieux ; elles se voyaient lapidées même lorsqu'elles étaient violées – avec, en sus, à tout instant, cette obligation de porter la burqa (ou le tchadri), cet accoutrement ignominieux qui dissimule complètement, non pas le corps de la femme seulement, mais son existence. Les infractions étaient punies par des coups de fouet infligés par une police des mœurs zélée et qui veillait au grain pour dompter la gent féminine.

Lorsqu'on connaît cette histoire afghane, lorsqu'on connaît ce pays, sa complexité ethnique, sa composante tribale, ses particularités géopolitiques, lorsque pendant plusieurs années, et plus d'une fois, on a visité et enquêté sur les écoles coraniques, celles de Peshawar, de Quetta ou de Karachi, lorsqu'on a eu l'occasion de discuter ou d'interviewer des talibans et autres idéologues salafistes locaux, on a vraiment du mal à croire que par une opération du

Saint-Esprit ces mêmes talibans auraient changé en août 2021. Vouloir le croire est en soi une insulte à tous les Afghans qui luttent contre l'obscurantisme et une injure pour les femmes afghanes.

Que disent-ils aux journalistes qui les interrogent et qui, souvent, par méconnaissance, relayent leurs affirmations mensongères sans faire de commentaires ? Les talibans ont affirmé par l'intermédiaire de leur porte-parole Zabihullah Mujahid que « les femmes pourront travailler ». Et voilà que la presse occidentale s'enflamme, oublieuse que c'était déjà le cas avant la chute du régime islamiste en octobre 2001. Les femmes talibanes – oui elles existent ! –, formées à la même doctrine, étaient autorisées à travailler dans les secteurs de la santé, de l'éducation – puisque les fillettes étaient admises à l'école jusqu'à l'âge de huit ans – mais aussi en tant que gardiennes de prison, étant donné que ce sont des femmes qui surveillent d'autres femmes lorsqu'elles sont détenues (élémentaire !), et également au sein de la police des mœurs, puisque, là aussi, ce sont des femmes qui fouillent d'autres femmes quand c'est nécessaire. C'est dire que la déclaration relative au travail des femmes est en réalité une supercherie. Les talibans, à ce propos, ont bien insisté sur le fait que le « sexe faible » était interdit de sport par exemple.

Coachés, depuis quelques années, par les Qataris, connus pour être des maîtres en double discours et en *taqiyya*, les talibans se sont vu conseiller par ces derniers, non pas de changer le fond de leur pensée, mais de la « marketer » car, de ce côté-ci du monde, beaucoup de commentateurs, de responsables politiques et de faiseurs d'opinion sont plus sensibles à la forme qu'au fond.

Que nous disent les talibans au sujet de la burqa par exemple ? Vous n'aimez pas cet uniforme qui heurte vos sentiments humanistes ? Qu'à cela ne tienne ! Désormais la femme afghane ne sera plus obligée de porter la célèbre burqa, mais elle sera soumise à l'*abaya* salafiste. Habile ! Allez expliquer à ces messieurs enturbannés pourquoi vous allez récuser leur *abaya*, alors que vous acceptez, depuis des lustres, que vos alliés saoudiens l'imposent à leurs femmes. Les mêmes « amis » saoudiens qui infligent d'ailleurs, depuis l'instauration du wahhabisme et la naissance, au début des années 1930, de la monarchie saoudienne, punitions corporelles et autres joyeusetés inspirées de leur lecture de la charia, sans que le monde s'en émeuve !

Oui, je crois qu'il faut insister sur cette indignation sélective qui caractérise nos sociétés souvent portées par des élites elles-mêmes hypocrites. Alors, à l'évidence, le retour des talibans est un vrai problème. C'est même un drame. D'abord pour les femmes afghanes. Ensuite pour nous tous, tant ce retour est perçu, par la mouvance islamiste dans son ensemble, comme une victoire et ainsi une défaite pour les démocraties et les valeurs universelles. Naturellement, il est nécessaire de soutenir les femmes afghanes, celles qui ont réussi à s'extirper des griffes des extrémistes et qui vivent désormais en Occident, afin qu'elles réussissent leur intégration et, par prolongement, leur reconstruction, mais aussi celles qui sont restées, et ce en exerçant une pression constante sur ce régime et sur ses parrains et alliés pakistanais, turcs et qataris. Le sort des femmes est un sujet, non pas annexe, mais central.

Cela étant dit, il est question de le soulever dans sa globalité, car la pensée talibane est certes à Kaboul et domine, depuis le mois d'août, les différentes provinces afghanes, mais elle sévit en même temps au Pakistan, en Arabie Saoudite, dans certaines régions d'Afrique ou du Maghreb et, jusque dans nos quartiers. L'idéologie talibane est cette approche totalitaire qui laisse croire, clairement ou en filigrane, que la femme ne saurait être l'égale de l'homme, que tout ou partie de son corps, serait-ce une mèche de cheveux, serait l'incarnation du diable et que son comportement lui-même pourrait être nourri par des idées sataniques. En clair, au-delà des talibans qui ne sont que la caricature d'une pensée archaïque et dangereuse, c'est la doctrine islamiste, dans sa globalité, qu'il est nécessaire de combattre.

Il nous faut donc collectivement comprendre évidemment l'histoire récente de l'Afghanistan, mais aussi celle de l'islam politique. Ce pays a été, d'une certaine manière, durant les années 1980, le déclencheur de la propagation massive du salafisme dans ses versions obscurantistes et violentes. Je suis convaincu depuis longtemps qu'une victoire contre l'islamisme ne sera jamais totale si, en Afghanistan, perdure un régime comme celui des talibans. L'histoire longue, celle que nous ne connaîtrons pas, celle qui sera racontée assurément dans plusieurs générations, montrera sans conteste que le projet islamiste était, de toute manière, voué à l'échec, car il s'agit d'une vision totalitaire. Mais aussi, probablement que c'est grâce à l'engagement des femmes en général, et celui des femmes afghanes en particulier, qu'il sera possible d'annihiler et d'enterrer cette pensée obscurantiste.

Toutes afghanes

Journaliste spécialiste de l'islam politique et du terrorisme, Mohamed Sifaoui est directeur de la publication de la chaîne islamoscope.tv et documentariste.

DIEU AU MOINS

Amanda Sthers

Le craquement du pain grillé qu'elle plonge dans l'œuf, le jus de la tomate qui vient tacher le blanc, le bruit de son souffle pour refroidir son thé, la maison est trop calme. La rue semble pleine de klaxons mais vide de voix. Ses frères sont partis à l'aube. À l'aéroport, a-t-elle cru comprendre. Pour se renseigner. Sur quoi ? Elle entendait bien les murmures dans la maison depuis plusieurs semaines, la peur, les Américains qui s'envolaient au loin et les pas des talibans qui avançaient dans sa tête comme les monstres des livres qu'elle savait désormais lire. Elle aimait déclamer les poèmes de Meena Keshwar Kamal qu'elle déchiffrait sur un livre corné, abîmé, un trésor à ses yeux qui ressemblait à un survivant, offert par sa professeure pour son anniversaire de onze ans. Sa mère, qui l'écoutait, aimait répéter : « Tu réalises mon rêve, ma fille, tu réalises mon rêve. » Et quand venaient les derniers vers, « Je suis la femme qui s'est éveillée. J'ai trouvé mon chemin et je ne reviendrai jamais », alors sa mère pleurait, mais Zahar ne savait pas si c'était de joie, de tendresse ou de peur.

Zahar sent que les mains de sa mère tremblent au moment de tresser ses longs cheveux auburn qu'elle couvre avec une délicatesse qu'elle ne lui connaît pas. Elle ne lui pose pas son cartable sur le dos comme chaque matin, mais elle le cache un peu le long du mur alors qu'elles marchent dans la rue ; son père les a accompagnées. Les radios qui ponctuent habituellement leur chemin de bulles de musique sont toutes branchées sur les chaînes d'information ; Zahar a d'autant plus peur qu'elle ne sait pas de quoi elle doit avoir peur. Elle tente de comprendre mais rien n'est prononcé et les traits de sa mère ont disparu derrière sa burqa bleue traditionnelle. Depuis sa naissance, elle l'a peu portée, seulement quand ils s'éloignaient de Kaboul pour rendre visite à la famille dans la province du Kandahar ; Zahar s'amusait alors à imaginer que c'était une tenue de super-héroïne comme elle en avait vue dans le journal abandonné d'un soldat du Kansas que le frère de Samia avait trouvé par terre. Avec ses amies, elles ont regardé cette photo de Wonder Woman des heures, en gloussant, et puis Samia a dû rendre le journal à son frère qui l'a échangé contre une boîte de dix *halwa e zardak*, ces gâteaux aux carottes dont Zahar raffole. Mais Wonder Woman était restée comme une idée d'un monde possible, ailleurs, un jour.

Zahar va dans une école cachée au fond de la cour d'un immeuble, dans une rue qui a perdu son nom et qui fait l'angle entre un vendeur de pneus et l'échoppe d'un tapissier. Ce n'est pas secret, c'est simplement discret. Depuis l'attentat à l'université de Kaboul, ses parents sont apaisés par cette solution. Dans la classe de Zahar, elles sont quatre élèves. Leur professeur, madame Habibbullah, veut bien qu'on l'appelle par son prénom, Ramesh, en dehors de la classe. Elle leur dit qu'il faut faire la différence entre la sphère civile et la sphère privée. Cela a été le cadre de nombreuses discussions dans cette petite école improvisée dans le salon de madame Habibullah qui a étudié en Turquie et dont le port de tête est celui d'une reine, pense Zahar à chaque fois qu'elle la voit. Zahar aime prononcer le nom de famille de son professeur ; ça rebondit dans la bouche comme quand on déguste une pâtisserie au miel. Mais, ce matin, madame Habibullah a la tête baissée des gens qui ont peur. Zahar est l'aînée des élèves, elle a treize ans désormais et aide madame Habibullah à faire lire la plus jeune, Khandan, qui sourit pour un rien.

Aujourd'hui, madame Habibullah commence par leur faire faire des dessins, Zahar sent que sa professeure n'est pas là complètement, que sa tête travaille à grimper mille échelles qui ne mènent nulle part. Ses yeux bougent dans tous les sens. Zahar a toujours su sentir la douleur des autres. Un peu avant l'heure du déjeuner, alors qu'elles apprennent leurs tables de multiplication, elles entendent du bruit dans l'immeuble, des hurlements. Le sentiment d'une violence envahit leurs vies avant même qu'elle ait pris une forme réelle. Elle est là, dans l'air.

Le premier homme qui entre est d'une grande beauté et cela contraste avec la haine dans ses yeux et la mitraillette dans sa main. Un autre passe devant lui et gifle madame Habibullah avec une telle force qu'elle s'effondre au sol.

Elle ne cesse de crier : « Ce sont des enfants. Elles n'ont rien fait. » Mais les hommes ne les tapent pas, ils regardent leurs dents, leurs yeux, leurs visages, la taille de leurs hanches.

On demande son âge à Zahar et elle répond.

Puis le premier, l'homme beau, se tourne vers un autre à l'arrière et lui dit :

« Elle est belle. Tu la veux, Arian ? On t'avait promis une femme. Tu t'es battu comme un lion, tu dois crever de faim. »

Alors Arian vient, la regarde. Cela dure longtemps. Aucun homme n'a osé la dévisager de la sorte. Il la prend par la main, les autres rient. Ils vident l'appartement d'en face de leurs occupants et les laissent tous les deux.

Arian lève la robe de Zahar, crache sur son sexe. Zahar ne comprend pas pourquoi on touche cet endroit qui lui sert à faire ses besoins. N'est-ce pas repoussant ? Elle n'ose pas fermer les yeux, elle veut voir la mort si elle doit arriver. L'homme touche une chose dans son pantalon, jette Zahar sur le canapé du petit appartement, s'allonge sur l'enfant. Et puis une douleur irradie son corps entier et l'impression qu'on lui vole toute sa vie s'installe en elle. Zahar pense à Wonder Woman. Pourquoi ne fait-elle rien ? Se pourrait-elle qu'elle soit un mensonge ? Zahar ferme finalement les yeux pour s'en aller ailleurs, respire comme elle peut sous le poids du corps crasseux qui la pilonne, et se raisonne. Si Wonder Woman ne vient pas, Dieu au moins la sauvera.

Toutes afghanes

Amanda Sthers est écrivain, dramaturge, scénariste et réalisatrice. Son roman Chicken street, *sorti en 2006, inventait la vie des deux derniers Juifs de Kaboul et traitait déjà de la condition des femmes afghanes.*

QUAND JE DOUTE DE TOUT

François Zimeray

Regardez bien leurs yeux, aujourd'hui voilés et demain bâchés. En Afghanistan, c'est désormais la nuit pour les femmes. Certaines se taisent, beaucoup se cachent, toutes ont peur. Certaines protestent, manifestent et sont pourchassées, battues, tuées. Et ces trois mots que l'on ne veut pas entendre tant notre impuissance fait mal : *c'est trop tard*.

Au moment où j'écris ces lignes, j'écoute sur une radio publique l'interview d'un *chercheur* vantant les mérites de la justice des talibans, sans un mot pour s'inquiéter du sort des femmes afghanes et, plus grave peut-être, sans devoir faire face à la moindre interrogation, notamment sur le sort que la charia leur réserve.

C'est toujours la même chose, on nous dit que l'on ne peut ni juger ni même comprendre, qu'il s'agit d'une *autre* culture. Pourtant, tout ce que j'ai vu dans le monde en y arpentant la topographie du malheur, tout ce que j'y ai entendu et ressenti proclame qu'il n'y a pas deux façons différentes de souffrir de la torture, des discriminations, selon les latitudes, les cultures ou les religions ; que si les droits de l'homme sont universels, c'est parce que l'être humain est universel, que ses souffrances sont universelles, comme l'est l'aspiration de chacun au respect de sa dignité.

Les femmes d'Afghanistan y ont droit. Elles ont le droit de vivre libres, de choisir leur destin, d'accéder à l'éducation et de participer à la vie de leur pays. Les images venues de Kaboul, celles de cette défaite éclair qui rappelle la chute de Saïgon et, peut-être plus encore, celle de Phnom Penh, bousculent nos certitudes et nous plongent dans le doute. Mais quand je doute de tout, je ne doute pas que notre place est aux côtés des femmes afghanes.

Sur les cinq continents, des femmes et des hommes leur disent aujourd'hui avec force qu'elles ne sont pas seules, que ceux qui portent atteinte à leurs personnes et à leurs droits seront un jour jugés et condamnés. Ce sera en Afghanistan ou ailleurs ; ce jour sera proche ou lointain, mais il viendra.

Ancien ambassadeur de France pour les droits de l'homme, François Zimeray est avocat.

PRÉSENTATION DE L'ASSOCIATION AFGHANISTAN LIBRE

Louise Clément

Afghanistan Libre est une ONG de solidarité internationale qui agit pour l'éducation des filles et l'autonomisation des femmes en Afghanistan depuis vingt-cinq ans. Créée en 1996 par Chékéba Hachemi en réponse à la détérioration des droits des filles et des femmes sous le régime taliban, Afghanistan Libre contribue à favoriser le respect des droits des femmes et des filles afghanes, à aider les plus marginalisées d'entre elles à se forger l'avenir de leur choix, et à soutenir le développement de communautés résilientes en zones rurales d'Afghanistan. Des projets innovants ont ainsi été mis en place dans les zones les plus reculées du pays, notamment des « classes digitales » (une formation numérique professionnalisante pour les lycéennes) et un soutien psychosocial pour lutter contre les violences de genre – des séances sont proposées aux femmes survivantes, mais aussi aux hommes, car nous sommes persuadés que la cause des femmes, partout dans le monde, n'avancera pas sans l'implication des hommes.

L'Afghanistan a été qualifié en 2018 de pire pays du monde où vivre pour une femme. C'était vrai avant le 15 août dernier, date de la prise de Kaboul par les talibans ; ça l'est d'autant plus aujourd'hui. Tous nos projets étant à l'arrêt depuis le 10 août, l'ensemble de notre équipe basée à Kaboul ne peut dorénavant plus travailler du fait de conditions sécuritaires beaucoup trop incertaines.

Le fonds d'urgence que nous constituons actuellement va servir, entre autres, à permettre aux défenseur.e.s des droits des femmes employé·e·s par Afghanistan Libre et aux professeur.e.s des écoles que nous soutenons, de bénéficier d'avances sur salaire afin qu'ils puissent subvenir à leurs besoins et faire face à l'inflation sans précédent sévissant dans l'ensemble du pays. Les banques privées et publiques manquent toutes de liquidités, rendant impossible à tout.e Afghan.e de retirer de l'argent. L'ensemble des services publics sont au bord de l'effondrement, en particulier le système de santé. On estime que 18 millions de personnes, soit la moitié de la population, ont besoin d'une aide humanitaire d'urgence pour survivre. D'un point de vue politique, la modération annoncée par les talibans n'aura pas duré un mois. Il suffit de regarder leur nouveau gouvernement. Entièrement composé d'hommes talibans pachtounes, pour la plupart inscrits sur les listes de sanctions des Nations unies (quatre d'entre eux ont d'ailleurs séjourné dans la prison américaine de Guantánamo et un est historiquement proche d'Al-Qaïda). Et tout cela dans l'indifférence la plus totale de la communauté internationale.

Les femmes afghanes continuent à se battre pour leurs droits et sont les premières à descendre dans les rues pour manifester, au péril de leurs vies. Des journalistes se font tabasser et fouetter. La terreur règne. Il est trop tôt pour décrire les impacts sur l'éducation des filles ou les droits économiques des femmes. Là où de rares écoles ont rouvert pour les filles (jusqu'à onze ans) ou des universités privées, très peu de filles y sont retournées par peur. Les curriculums vont aussi changer. De toute façon, à l'heure actuelle, les femmes sont priées de rester chez elles le temps que les talibans « éduquent leurs combattants à comment respecter une femme »... Tout est dit. Les talibans n'ont pas changé. Ce sont les mêmes dans leur interprétation et leur application extrême de la charia. Les Afghanes viennent d'être emmurées vivantes.

Afghanistan Libre reste déterminée à continuer à soutenir les filles et femmes afghanes, de quelque manière que ce soit. Dès que la situation sécuritaire le permettra, nous comptons reprendre des activités qui prendront, entre autres, la forme d'une aide humanitaire aux 500 000 personnes déplacées dans Kaboul (en majorité des femmes et des enfants), de *cash-based transfers* à des femmes cheffes de famille qui ne peuvent plus subvenir à leurs besoins, et de programmes de *e-learning* pour les jeunes filles.

Louise Clément a rejoint l'ONG Afghanistan Libre en 2018 en tant que chargée de suivi et de développement de projets, et en est devenue directrice, au bureau de Paris, à l'été 2020.

REMERCIEMENTS

Je remercie du fond du cœur Tristane Banon et Rachel Khan qui, dès le 15 août, ont senti cette nécessité d'agir pour les femmes afghanes et qui ont eu cette idée qui ne se limite pas à l'émotion d'un moment, mais qui s'inscrit dans le temps long comme les textes savent le faire. Il ne faudra pas oublier les femmes afghanes demain. De pareilles initiatives contribuent à les maintenir dans l'actualité de tous.

Merci aussi aux amies de longue date, à Marie-Françoise Colombani et Brigitte Benkemoun qui, depuis longtemps et avec une fidélité rare, prennent fait et cause pour l'Afghanistan et se sont mobilisées pour les femmes de ce pays à de nombreuses reprises avec une constance exemplaire.

Merci à celles et ceux que je ne connais pas et qui ont participé à cet ouvrage, à la maison d'édition et à chacun de ses rouages ; leur implication me touche profondément.

Chékéba Hachemi

TABLE

Composition et mise en pages
Nord Compo à Villeneuve-d'Ascq

Achevé d'imprimer en octobre 2021
sur les presses de Normandie Roto Impression s.a.s.
61250 Lonrai
N° d'impression : 2105006

Imprimé en France

IMPRIM'VERT

PEFC
10-31-2541

Certifié PEFC

Ce produit est issu de forêts gérées durablement et de sources contrôlées

www.pefc-france.org